CATALOGUE

DE LA COLLECTION

D'ORNEMENTS

DES MAITRES FRANÇAIS, ITALIENS, FLAMANDS ET
ALLEMANDS DES XVe, XVIe ET XVIIe SIÈCLES

LIVRES A FIGURES

Un vol. de Feux d'artifices par Gellée et Ciamberlano

COMPOSANT LA COLLECTION

de M. le chevalier V. [Vico]

DONT LA VENTE AUX ENCHÈRES AURA LIEU

HOTEL DROUOT, SALLE N° 7

Au premier étage

Le Samedi 4 Mars 1876,

A UNE HEURE ET DEMIE PRÉCISE.

Par le ministère de Me CHARLES PILLET, Commissaire-Priseur,
10, rue de la Grange-Batelière,

Assisté de M. CLEMENT, Marchand d'Estampes de la Bibliothèque Nationale,
3, rue des Saints-Pères.

EXPOSITION PUBLIQUE, le Vendredi 3 Mars 1876,

DE DEUX HEURES A CINQ HEURES.

CONDITIONS DE LA VENTE.

La vente aura lieu au comptant.

Les acquéreurs paieront cinq pour cent, en sus des adjudications, applicables aux frais.

L'Expert chargé de la vente se réserve la faculté de rassembler ou de diviser les lots.

Paris.—Typ. PILLET fils aîné, 5, rue des Grands-Augustins.

DÉSIGNATION DES ESTAMPES

ALBERTI (Cherubin).

1. Dessins de couteaux enrichis de manches d'orfévrerie, d'après F. Salviati, (B. 171-172). Deux pièces, très-belles épreuves avant le privilége.

ALDEGRAVER (Henri).

2. Une composition d'ornemens qui se peut doubler (B. 255). Très-belle épreuve.

3. Deux enfants au milieu d'un entrelacs de feuillages (B. 271). — Dessin de grotesques (B. 282). Deux pièces, belles épreuves.

4. Dessin de grotesques (B. 274). — Dessin de grotesques présentant un mascaron entouré de deux enfants et de quatre sphinx (B. 281). Deux pièces, belles épreuves.

5. Un montant d'ornemens, au milieu duquel on voit deux sphinx placés sur une tablette (B. 276). Très-belle épreuve.

6. Montant d'ornements, où l'on voit au bas deux sphinx (B. 286). — Un montant d'ornements, rempli de feuillages qui sortent d'une cuirasse (B. 288). Deux pièces, très-belles épreuves.

7. Un panneau rempli de feuillages (B. 289). Très-belle épreuve.

BAIG (Th.).

8. Frises d'ornements pour orfèvres, entremêlées de fleurs, de fruits et d'oiseaux. Huit pièces et un titre, superbes épreuves.

BEHAM (H.-S.).

9. L'enlèvement d'Hélène (B. 70). Très-belle épreuve.

10. Cimon nourri par sa fille (B. 73). Pièce gravée à l'eau-forte, superbe épreuve. Trés-rare.

11. Le Mascaron 1543. (B. 231). — La satyresse entre les deux satyres (B. 232). Deux pièces, belles épreuves.

12. Les deux têtes de poissons. (B. 235). Superbe épreuve.

13. Les deux génies, 1544. (B. 236). Très-belle épreuve.

14. Vase 1530 (B. 239). — Vase orné de trois ronds. 1530. (B. 140). Deux pièces, très-belles épreuves.

15. Les armoiries de Sebald Beham (B. 254). Superbe épreuve.

16. Armoiries (B. 254. 255. 256. et 257). Quatre pièces, très-belles épreuves.

BOUCHARDON, DAMERY et VICO.

17. Vases, 21 pièces. Belles épreuves.

BOURGUET

18. Différents ornements pour émailleurs et orfèvres, neuf pièces.

BOYVIN (René).

19. Trophées d'armes (R. D. 153. 158.) Suite de six pièces, superbes épreuves du 1er état.

20. Dessins d'aiguières, coupes, salières, etc., 8 morceaux d'estampes faisant partie de la suite (R. D. 171 à 179).

21. Espèce de vaisseau (R. D. 175). — Un vase. Deux pièces, très-belles épreuves.

BOYVIN (Attribué à René).

22. Dessin d'un lustre, pièce très curieuse gravée à l'eau-forte, très-belle épreuve.

BRUYN (N. DE).

23. Panneaux d'ornements avec sujets mythologiques au milieu. Trois pièces.

24. Buste d'empereurs romains au milieu de riches entourages d'ornements, sept pièces, très-belles épreuves.

BRY (TH. DE).

25. La fontaine de Jouvence, d'après H. S. Beham. Très-belle épreuve.

26. Montant d'ornements à figures grotesques, au milieu un ovale avec les lettres J.H. S. surmontées d'une croix, pièce rare.

27. Grotis et point pour graver bassins, aiguières, tasses e salières pour les orfèvres, etc., quatre pièces en forme de frises. Très-rares.

28. Ecussons, fonds de coupe. — Un satyre et une nymphe avec entourage d'ornement, neuf pièces.

BRY (J. TH. DE).

29. Agraffes de ceinturons et porte clefs. Deux pièces. Très-belles épreuves.

30. Agraffes de ceinturons. Deux très-jolies pièces, superbes épreuves.

31. Manche de couteau avec sujet tiré de l'Evangile selon saint Mathieu. Superbe épreuve.

32. Manche de couteau où est représenté l'air. Quatre petites frises gravées sur une même feuille, dans le goût des nielles. Deux pièces. Très-belles épreuves.

BRY (Th. de).

47 +

33. Manches de couteaux avec figures allégoriques. Deux pièces. Très-belles épreuves.

59 +

34. Gaînes de couteaux avec sujets allégoriques, etc. Trois pièces. Très-belles épreuves.

40

35. Gaînes de couteaux où sont représentées Lucrèce et Minerve, etc. Trois pièces. Très-belles épreuves.

80 +

36. Bracelets. — Manche de poignard où est représenté Mutius Scœvola se brûlant la main droite en présence de Porsenna. Deux pièces. Très-belles épreuves.

CALLOT (J.).

14

37. L'Eventail, représentant une danse (M. 1006), copie gravée en Italie et portant le nom de Cochin.

CARRACHE (D'après Louis).

10

38. Deux renommées soutenant un écusson avec cette devise : *Contentione perfectus*. Très-jolie pièce gravée par Caylus.

CARRACHE (Augustin).

3

39. La Devise : *Nostrum est* (B. 271). Pièce rare. Très-belle épreuve.

14

40. Cloison de ferrure. (Seconde planche) (B. 274). Très-belle épreuve.

CARRACHE (Annibal).

6

41. La Soucoupe (B. 18). — Silène ivre, monté sur un cheval et soutenu par un satyre. Deux pièces.

CHAUVEAU (F.).

7

42. Divers masques gravez par F. Chauveau. Suite de douze pièces et un titre.

CHRITOLLIEN (M.).

43. Dessins d'ornements pour orfèvres. Quatre pièces. Superbes épreuves avec marge. Très-rares.

CIEUCINI (Jacopo).

44. Arabesques gravées à l'eau-forte. Deux pièces. Très-belles épreuves.

COCHIN (D'après).

45. Solennité des mariages célébrés suivant l'intention du Roy par la ville de Paris, à la naissance de Mgr le duc de Bourgogne en 1751. Très-jolie pièce gravée par Tardieu. Très-belle épreuve.

COCK (Exudit, xvi⁰ siècle).

46. Sujets allégoriques et religieux au milieu de cartouches et ornements divers. Trente-cinq pièces tirées de différentes suites. Très-belles épreuves.

COLLAERT (A.).

47. Dessin de pendants d'oreille. Très-belle épreuve.

48. Junon, Minerve, Vénus et l'Amour ; Mercure ; Paris présentant la Pomme ; un dieu fleuve. Suite de six pièces représentées dans des ronds, entourés de grotesques sur fonds noir. Très-belles épreuves.

COTELLE (J.).

49. Nouveaux livres de chenest et autre ouvrage d'orfevrerie, inventez et gravez par J. Cotelle. Suite de six pièces. Très-belles épreuves.

COTELLE (P.).

50. Livre de feuilles d'orfévrerie et de taille d'épargne, nouvellement mis au jour par P. C. en 1672. Suite de sept pièces avec titre. Très-belles épreuves. Un morceau du titre manque.

DÉ (LE MAITRE AU).

51. Panneau d'ornements. — Autre panneau d'ornements (B. 81 et 82). Deux pièces d'après Raphaël. Très-belle épreuve.

52. Autre panneau d'ornements d'après Raphaël (B. 80). Très-belles épreuves.

DECKER (P.)

53. Nouveaux dessins de grotesques inventés par Paul Decker. Quatre pièces numérotées. Très-belles épreuves.

DELAFOSSE.

54. Cahier de meubles, marqué F. F. Quatre pièces. Très-belles épreuves.

DELAUNE (ETIENNE).

55. Combats et triomphes (R. D. 281-292). Suite de douze estampes en forme de frises. Deux pièces manquent pour que la suite soit complète.

56. Trajan entre la ville de Rome et la victoire (300). — Chasse aux lions (304). Deux pièces.

57. Ecran ou miroir à main (R. D. 314). Superbe épreuve.

58. Quelques-unes des sciences, figurées par des femmes occupant le centre des compositions, avec les attributs qui leur conviennent (R. D. 346-351). Suite de six pièces. Très-belles épreuves.

59. Compositions enrichies des divinités de la fable (R. D. 359-364). Suite de six pièces. Très-belles épreuves.

60. Compositions ornées des divinités de la fable ou de sujets variés (R. D. 371-376). Suite de six pièces. Très-belles épreuves.

DELAUNE (ETIENNE).

61. Quelques-unes des sciences, figurées par des femmes debout au centre des compositions (R. D. 404 à 409). Suite de six estampes. Belles épreuves.

62. Différentes divinités du paganisme debout au centre des compositions (R. D. 416-421). Suite de six pièces. Belles épreuves.

63. La même suite gravée une seconde fois (R. D. 422-427). Cinq pièces de cette suite. — Différents sujets de l'Ancien Testament (434 à 439). Cinq pièces de cette suite. En tout dix pièces.

DIETTERLIN ?

64. Animaux chimériques sur une même feuille. Pièce gravée à l'eau-forte. Très-belle épreuve.

DRUSE (NICOLAS)

65. Ornements noirs, gravés en silhouette, sur fond blanc. Quatre pièces d'une suite de six. Superbes épreuves.

DUCERCEAU (J.-A.).

66. Cartouches de Fontainebleau. Vingt-sept pièces. Très belles épreuves, la plupart avec marges.

67. Dessin d'un retable. Très-belle épreuve.

68. Façade d'un monument. Très-belle épreuve. Rare.

69. Grotesques. — Meubles. — Masques par R. Boyvin et pièces diverses, par Delaune et A. Ducerceau. Seize pièces.

DUCERCEAU (P.-A.).

70. Livre de diverses frises, inventées et gravées par A. Ducerceau. Six pièces.

ÉCOLE FRANÇAISE DU XVIIIe SIÈCLE.

71. Cartouche pour un portrait, entouré d'une guirlande de fleurs. Epreuve à l'état d'eau-forte.

72. L'Amour lançant ses flèches, etc. Deux pièces.

L'ÉGARÉ (GÉDÉON).

73. Livre de feuilles d'orfévrerie, inventé par Gedeon l'Egaré, au faubourg Saint-Germain, rue Saint-Lambert. Suite de six pièces et un titre. Superbes épreuves. Très-rare, plus une pièce d'une autre suite.

L'ÉGARÉ (GILLES).

74. Dessins de bijoux. Trois pièces dont une par Folkema. Très-belles épreuves.

FRANCARD (D'après).

75. Portes cochères de menuiserie, nouvellement gravées sur les dessins de M. Francard. Six pièces.

GÉRARD (MARC).

76. Grotesques. Trois pièces de trois suites différentes, gravées par Ph. Galle. Très-belles épreuves.

GILLOT (CL.).

77. Nouveaux desseins d'arquebuserie inventez et gravez par le sieur Gillot. Suite de six pièces. Très-belles épreuves, dont une manquant de conservation. Rare.

HABERMAN.

78. Décorations d'appartements, dessins de meubles, chaise à porteur, etc. Vingt-six pièces.

HALUEREN (J.).

79. Ornements inventés et rassemblés par Johann Halueren, ouvrier orfèvre. Huit pièces. Très-belles épreuves.

HEELS (J.).

80. Suite de six pièces de panneaux formés de fleurs, bijoux, anneaux, pendeloques, croix, etc. Très-belles épreuves. Très-rares.

81. Panneaux formés de fleurs et de fruits. Trois pièces marquées du monogramme du maître. Très-belles épreuves.

HOLLAR (W.).

82. Dessins de manches et fourreaux de poignards. Trois pièces d'après Holbein, très-belles épreuves.

HONIAS (J., 1619).

83. Ornements sur fond blanc. Suite de seize pièces, superbes épreuves. Très-rares.

HOPFER (D. et J).

84. Grotesques, vases, coupes, etc. Quatre pièces, très-belles épreuves.

HUQUIER.

85. Dessins pour écrans, d'après Bellay. Douze pièces.

JACQUARD (Ant.):

86. Dessins d'ornements pour garnitures d'épées et autres. Suite de six pièces, plus le portrait de l'auteur. Sept pièces, très-belles épreuves.

JAMNITZER.

87. Figures grotesques au milieu de paysages. Quatre pièces, très-belles épreuves.

JANSSEN (L.).

88. Rinceaux d'ornements de forme ovale. Quatre pièces très-rares, superbes épreuves.

89. Rinceaux d'ornements de forme ovale et autres. Quatre pièces, très-belles épreuves. Une n'est pas de ce maître.

LE BLON (Michael).

90. Ornements formant console ou fin de pages, dessins de bijoux et autres. Vingt-trois pièces tirées de différentes suites, dont deux titres.

91. Frises de fleurs et d'animaux. Cinq snjets sur deux feuilles. Très-belles épreuves.

92. Armoiries d'Albert Durer et autres personnages célèbres. Huit pièces, superbes épreuves.

93. Grotesques sur fonds blanc, en forme de frises. Six pièces.

94. Petite pièce en forme d'arabesque, représentant les sept vertus. Très-belles épreuves.

LE BRETON (Mathurin).

95. Ornement pour serrure, — dessin d'arquebuserie par Marcou. Deux pièces, très-belle épreuve.

LEPAUTRE (J.).

96. Livre de serrurerie inventé par Jean Lepautre et gravé par Jacques Lepaultre. Suite de dix pièces, très-belles épreuves.

97. Frises, meubles et autres ornements. Quarante-quatre pièces.

98. Frises, lambris d'appartements, vases, etc. Quatre-vingt-seize pièces.

99. Ornements divers. Cinquante-neuf pièces.

LEYDE (Lucas de).

100. Un écusson rempli par un mascaron (B. 167). — Deux rinceaux d'ornements (B. 169). Deux pièces.

LIEFRINCK (Hans).

101. Frises formées d'oiseaux et rinceaux d'ornements. Deux pièces, très-belles épreuves.

LOIRE (A.).

102. Nouveaux dessins d'ornements pour l'embellissement des carrosses, panneaux, lambris, etc., d'après N. Loire. Cahier de six feuilles. — Nouveaux dessins de guéridons dont les pieds sont propres pour des croix, chandeliers, chenets, etc. Cahier de six feuilles, plus deux pièces d'une autre suite. Quatorze pièces.

LUNING (Andréas, 1589).

103. Grotesques en forme de frises, gravés sur fond blanc. Six pièces et un titre. Très-belles épreuves. Rares.

MAITRES ANONYMES ITALIENS, XVIe SIÈCLE.

104. Frise d'ornements avec animeaux chimériques soutenant une tablette où sont les lettres S. P. Q. R. Dans la marge du bas à gauche : « Joannes Orlandi formis. » Au milieu, le numéro 111. Très-belle épreuve.

105. Frise d'ornements avec un amour vers la gauche. —
106. Feuille d'ornement gravée sur bois. Très-belle épreuve.

MAITRES ALLEMANDS DE L'ÉCOLE DE BEHAM.

106 *bis*. Petit amour soutenant un vase d'où sort un rinceau d'ornement. Très-belle épreuve.

107. Montant d'ornements ; en bas, une syrène avec un amour sur le dos. Très-belle épreuve.

108. Rinceau d'ornements sortant d'un vase. — Animal chimérique dont la queue forme un rinceau d'ornements. Deux pièces, très-belles épreuves.

109. Petite frise représentant le triomphe de l'Amour. Pièce rare. Très-belle épreuve.

110. Vases. Deux pièces sans marques de maîtres. Très-belles épreuves.

MAITRE ANONYME ALLEMAND
du commencement de XVIe siècle.

111. Rinceaux d'ornements en formes de frises. Quatre pièces, superbes épreuves. Rares.

ANONYME DU XVIe SIÈCLE.

112. Ornements noirs gravés en silhouette sur fond blanc. Très-belles épreuves. Deux pièces.

ANONYME DU XVIIe SIÈCLE.

113. Dessin d'un verre. Jolie pièce sans marque. Très-belle épreuve.

MAITRE DE 1551.

114. Une aiguière richement ornementée. Superbe épreuve. Très-rare.

115. Un gobelet avec son couvercle. Superbe épreuve.

116. Une coupe double. Superbe épreuve.

117. Une coupe sans couvercle. Très-belle épreuve.

MAITRE AU MONOGRAMME (B.-L.).

118. Grotesques. Suite de douze estampes d'un maître italien du commencement du XVIIe siècle. La première porte cette inscription : « Gio : Tomini f. Venetia. » Très-belles épreuves ; le numéro 4 est double.

MONOGRAMME (A.-E.).

119. Le triomphe d'Apollon. Petite pièce gravée à l'eau-forte, dans un entourage d'ornements. Très-belle épreuve.

MONOGRAMME (E.-M.).

120. Ornements pour orfèvres, gravés sur fond noir. Suite de six pièces numérotées. La première porte le monogramme. Superbes épreuves avec marge.

121. Trois pièces d'une autre suite, gravées de la même manière et peut-être du même maître. Superbes épreuves avec marge.

MONOGRAMME (F.-G.)

122. La Vignette à l'homme nud et orné d'un bouclier (B. T. IX. p. 29 n° 12). Superbe épreuve.

MONOGRAMME (G.-C., 1550).

123. Dessin pour une agrafe de ceinturon. Très-belle épreuve.

MONOGRAMME (G.-F.).

124. Frise d'ornements avec trois bustes d'hommes et de femmes. — Autre petite frise marquée du monogramme A. L. Deux pièces. Belles épreuves.

MONOGRAMME (H.-E.)

125. Dessin d'une gaîne (B. T. IX. p. 42). Superbe épreuve avec marge.

MONOGRAMME (J.-G. Gourmont).

126. Panneau d'ornements, en forme de gaîne. Pièce très-rare non décrite. Superbe épreuve.

MONOGRAMME (L.-C.-O., xviie siècle).

127. Mascarons. Dix-huit pièces gravées à l'eau-forte. Très-belles épreuves.

MONOGRAMME (N.-N.-F.).

128. Buste d'Octave Farnèse, duc de Parme et Plaisance, au milieu d'un cartouche d'ornements. Très-belle épreuve.

MONOGRAMME (P.-M.-E.).

129. Cartouche ornementé, au milieu un mascaron. Très-belle épreuve.

MONOGRAMME (T.-B.).

130. Rinceau d'ornements sortant d'un vase. — Autre rinceau portant en bas le monogramme T. B. Deux pièces. Très-belles épreuves.

MONOGRAMME (W.).

131. Dessins de gaînes, surmontés de personnages. — Quatre pièces par un graveur allemand du commencement du XVIᵉ siècle. Très-belles épreuves. Très-rares.

132. Dessins de deux autres gaînes de la même époque, sans monogramme. Très-belles épreuves.

MONOGRAMME (W.-D.-P.).

133. Suite de six dessins d'orfévrerie offrant au milieu, des pendeloques richement ornementées et accompagnées d'une quantité de petits motifs. Superbes épreuves. Très-rares.

MALIOLUS (ANDREAS).

134. Frises formes d'amours et d'animaux chimériques, etc. Suite de dix-huit pièces. Très-belles épreuves.

MATHAM (A.).

135. Portrait de Pierre Van den Broecke, d'après F. Hals. Très-belle épreuve.

MECKEN (ISRAEL DE).

136. Écusson d'armes au garçon faisant la culbute (B. 194). Belle épreuve.

MEISSONNIER (I.-A.).

137. Décorations d'appartements, gardes d'épées. — meubles etc. Treize pièces gravées par Huquier.

138. A Book of ornements invented et drawed by J. O Meissonier, architect et designer to the cabinet chamber of the french King. Quatre pièces et un titre. Très-belles épreuves.

MERIAN (M.).

139. Panneaux de grotesques dans le goût de Ducerceau, sept pièces. Très-belles épreuves.

MIGNOT (Daniel).

140. Pendeloques ornées de pierreries et de perles, entourées d'une foule de petits motifs sur fond noir. Deux pièces. Très-belles épreuves.

MIGNOT (Pierre).

141. Tabatières avec sujets mythologiques. Trois pièces. Très-belles épreuves.

MILLOT (P. 1610).

142. Fonds de boîte avec sujets de l'histoire de Diane. Pièce rare. Très-belle épreuve.

MODÈNE (Nicoleto de).

143. Panneau d'ornement (B. 55). Très-belle épreuve.
144. Panneau d'ornement (B. 57). Très-belle épreuve.

MONTCORNET.

145. Livre nouveau de fleurs. Très-utile pour l'art d'orfèvrerie et autres. A Paris, chez Baltazar Moncornet. 1645. Dix pièces et un titre. Très-belles épreuves.

MOREAU (le jeune).

146. Culs-de-lampes. Quatre pièces.

MUSSARD (J.)

147. Livre de divers ornements d'orfévrerie fait par Jean Mussard orfèvre en 1673. — Fleurs et autres sujets par Vauquier. Six pièces.

NIELLE.

148. Etui formé d'un rinceau de feuillages avec vase au centre. Pièce non décrite. Très-belle épreuve.
149. La même estampe. Très-belle épreuve.

NILON (Pierre).

150. Ornements gravés en silhouette sur fonds noir, pour orfèvres et émailleurs. Dix pièces et un titre portant la date
de 1619. Très-belles épreuves.

NOLIN (P.).

151. Ornements pour émailleurs, gravés en silhouette sur
fonds noir. Six pièces portant le monogramme du maître.
Superbes épreuves avec marge.

152. Une pièce et le titre d'une autre suite. Très-belles
épreuves.

OLIVAR (D.).

153. Livre de cartouche nouvellement inventé et gravé par
Jean d'Olivar. Suite de six pièces. Très-belles épreuves.

PASSE (Crispin de).

154. Fonds de coupes représentant les éléments en sujets de
forme ronde avec entourage d'ornements. Suite de quatre
pièces. Très-belles épreuves.

155. Les Sens représentés dans des ovales entourés de grotesques sur fond blanc. Suite de six pièces titre compris.
Très-belles épreuves, plus le titre en double et une autre
pièce.

156. Les Saisons. Suite de quatre pièces avec entourage d'ornements. Très-belles épreuves.

PFEFFEL (L.-A.).

157. Dessins de bijoux sur une même feuille, d'après Loreck.
Très-belle épreuve.

PICART (J.-H.).

158. Dessin d'une fleur. Pièce rare. Très-belle épreuve.

PIERRETZ.

159. Livre de divers panneaux enrichis de plusieurs ornements et grotesques faits et gravés par Pierretz le jeune
Suite de douze pièces. Très-belles épreuves.

PINEAU.

160. Dessins de tables. Deux pièces.

REUTIMANN (J.-C.).

161. Ornements composés de fleurs, feuillages et animaux
Trois pièces dont un titre. Très-belles épreuves.

ROBERDAY.

162. Essais de tabatières à l'usage des graveurs et ciseleurs
inventés et gravés par G. Roberday. Quatre pièces, plus
une feuille de dessins de vases sans nom d'auteur. Cinq
pièces.

SALY (J.).

163. Vases. Trente pièces et un titre. Belles épreuves.

SAUR (Corvinianus).

164. Suite de six dessins d'orfévrerie offrant au milieu des
pendeloques richement ornementées, et accompagnés
d'une quantité de petits motifs silhouettes et incrustés
de blanc, sur fonds noir. Superbes épreuves. Très-rares.

165. Quatre pièces d'une autre suite et portant les initiales du
maître, et deux sujets du même genre par Van Beim. Six
pièces.

166. Petite pièce de forme ronde pour ornementation d'une
boîte de montre, entourée des lettres de l'alphabet.

SCHIAVONE (André).

167. Les douze Césars (B.1.12). Suite de douze estampes dont
nous n'avons que onze. Très-belles épreuves.

SCHIAVONE (André).

168. Les Panneaux d'ornements (B. 13. 33). Suite de vingt-et
une estampes dont nous n'avons que onze. Très-belles
épreuves, quelques-unes avec marge.

SCHONGAUER (M.).

169. Rinceau d'ornements, au perroquet (B. 114). Belle épreuve
manquant de conservation.

SILVIUS (Attribué à).

170. Dessin d'un plat richement ornementé. Pièce rare. Superbe épreuve.

SOLIS (V.).

171. Vénus (B. 107). — Deux des muses (B. 113 à 121). —
Sainte Brigitte (B. 71), etc. Cinq pièces.

172. Trois bustes dans des médaillons (B. 438). — Buste
d'une jeune femme vue de profil et tournée vers la
gauche, où est écrit : Fili X. Deux pièces. Superbes
épreuves.

173. Médaillon rempli d'ornements d'orfèvrerie et offrant, au
milieu, un lion rampant (B. 463). — Autre médaillon
semblable offrant un chamois (B. 465). Deux pièces.
Superbe épreuve.

174. Deux gobelets posés l'un à la renverse sur l'autre
(B. 522). Très-belle épreuve.

175. Un vase dont le corps représente un grand escargot
(B. 526). Très-belle épreuve.

176. Gobelets avec leurs couvercles. Deux pièces non décrites.
Très-belles épreuves.

177. Dessins d'ornements pour bordures de plats. Quatre
pièces marquées du monogramme du maître. Superbes
épreuves. Très-rares.

SOLIS (V.).

178. Bijoux pendeloques. Très-jolie pièce en hauteur portant le monogramme en bas du sujet. Superbe épreuve. Rare.

179. Motif d'ornement divisé en plusieurs compartiments; le chiffre est vers le milieu du haut. Très-belle épreuve.

180. Dessin d'ornement pour une entrée de fourreau d'épée. Le monogramme est vers le bas de chaque côté du sujet. Superbe épreuve.

181. Cartouche d'ornement formant un milieu de frise. Superbe épreuve. Rare.

182. Un vase et un flambeau. Deux pièces marquées du monogramme du maître. Superbes épreuves.

183. Trois frises d'ornement sur une même feuille. — Autre frise formant des ornements pour consoles et culs-de-lampe. Deux pièces marquées du monogramme du maître. Superbes épreuves.

184. Bijoux pendeloques. Deux dessins sur une même feuille; le chiffre est au milieu du bas. Superbe épreuve. Rare.

185. Frises d'ornement pour serrurerie. Deux pièces portant le monogramme du maître. Superbe épreuve.

186. Frise d'ornements avec deux amours au milieu; le chiffre est au bas de la gauche. Superbe épreuve.

187. Frise avec animaux et personnages; le chiffre est au bas de la droite. Superbe épreuve.

188. Fontaine soutenue par un homme et une femme ayant des jambes de satyres, et entourée de rinceaux d'ornements. Pièce sans marque. Superbe épreuve.

189. Frises d'animaux et personnages, sujets de chasse. — Perroquets et ornements sur une même feuille. Quatre pièces sans monogramme. Très-belles épreuves.

SOLIS (V.).

190. Frises d'ornements, composées d'animaux, de feuillages et de fleurs. Trois pièces sans monogramme. Très-belles épreuves.

191. Montant d'ornement pour gaîne de poignard. Petite pièce gravée dans le goût de Solis, sans monogramme de maître.

192. La Justice représentée dans un médaillon entouré d'ornements. — Petite frise composée de fruits et de fleurs. Deux pièces. Très-belles épreuves.

SOLIS (Attribué à V.).

193. Dessin pour une agrafe de ceinturon. Très-jolie pièce sans marque. Très-belle épreuve.

TOUTIN, (1619 à Châteaudun).

194. Ornements avec compositions et personnages au bas de chaque sujet. Suite de neuf pièces dont deux portent le n° 4. Superbes épreuves. Très-rares.

VELDE (J. Van).

195. Pierre Scriverius, d'après F. Hals. Très belle épreuve.

VENITIEN (A.).

196. La frise à l'Amour et à la Sirène (B. 539). Très-belle épreuve un peu rognée.

197. Chapiteaux de colonnes. Deux pièces. Une seule est par A. Vénitien.

VENITIEN (Attribué à A.).

198. Frises d'ornements avec figures d'animaux chimériques. Deux pièces rares. Très-belles épreuves.

199. Autre frise d'ornements du même genre. Très-belle épreuve.

VOLLANT (A.).

200. Dessins de fruits et de fleurs, gravés à l'eau-forte. Suite de huit pièces et un titre. Superbes épreuves. Très-rares.

WECHTER (Georges).

201. Dessins d'ornements pour gaînes de couteaux et poignards ceinturons, etc. Six pièces rares. Très-belles épreuves.

WŒRIOT (P.).

202. Bagues et anneaux (n°s 3, 5, 8, 19, 26, 30, 31 et 32). huit pièces. Très-belles épreuves faisant partie de la suite décrite sous les n°s 310 à 349.

203. Bagues et anneaux. Douze pièces sans nom de maîtres. Très-belles épreuves.

204. Pendants d'oreille dépendant d'une ou de plusieurs autres suites (R. D. 362, 365, 367, 368, 369. 370, 371). Plus deux autres qui peuvent faire partie de la même suite. Neuf pièces. Très-belles épreuves.

205. Garnitures d'épée (R. D. 375, 377 et 378). Trois pièces.

206. Garniture d'épée (R. D. 376).

207. Deux garnitures d'épée et de couteau de chasse sur la même planche (R. D. 379). — Dessins de ceinture, de couteau et de stylet sur la même planche (R. D. 380). Deux pièces très-rares. Superbes épreuves.

WYSSEMBACH (Rudolff).

208. Dessins d'orfévrerie, incrustés de blanc sur fonds noir. Six pièces. Très-belles épreuves.

209. Dessins du même genre, également incrustés de blanc, sur fonds noir. Sept pièces. Deux sont des doubles de celles indiquées ci-dessus.

WYSSEMBACH (Rudolff).

210. Sous ce numéro il sera vendu un portefeuille contenant environ trois cents feuilles d'ornements des xvie, xviie et xviiie siècles.

DÜRER (Albert).

210 *bis*. La petite passion de Jésus-Christ (B 16 à 52) des gravures sur bois suite complète de trente-sept pièces tirées sans impression au verso, le titre seul porte l'impression, vingt-huit pièces sont doublées.

LIVRES

211. Relatione delle feste fatte in Roma per l'ele-
tione del re de Romani, in persona di Fer-
dinando III, scritta al sereniss. et reverendiss.
sig. il Signor Card. de Medici. In Roma,
apresso Lodovico Grignani. 1637. 1 vol. petit
in-fol. velin.

Ce précieux volume renferme outre dix-sept
eaux-fortes, dessins de feux d'artifices gravés
par Ciamberlano ; cinq des feux d'artifice de
Cl. Gellée, dit le Lorrain, portant les n°s 29-
31-33-35 et 37 de R. D. d'un état non décrit
jusqu'à ce jour; ils portent des numéros
d'ordre en chiffres romains au haut de la gauche. Exemplaire irréprochable comme conservation ; à ces pièces on a ajouté le numéro 39
de R. D., statue équestre du roi des Romains.
Épreuve superbe mais sans marge.

212. AGRIPPA. Trattato di scientia d'arme, con un dialogo di filosofia di Camillo Agrippa, milanèse. *Roma*, 1553. 1. vol. in-8 vélin.

213. BOURDON. Essais de gravure par Pierre Bourdon, maître graveur à paris, où l'on voit de beaux contours d'ornements traités dans le goût de l'art, propre aux horlogers, orfèvres, ciseleurs, graveurs et à toutes autres personnes curieuses. Se vendent à Paris chez l'auteur, place Daufine, avec privilége du Roy, 1703. Trois suites de sept pièces chacune en 1 vol. in-8, broché.

214. BOYVIN (RENÉ). Panneaux d'ornements animés des divinités du Paganisme. (R. D. 119 à 134) suite de seize estampes en 1 vol. in-fol. vélin. Le n° 10 manque et le n° 16 est sans marge. Deuxième état. *J. Laurenat 75.*

215. BRISVILLE. Diverses pièces de serruriers invantées par Hugues Brisville maître serrurier, à Paris et gravez par Jean Berain. *A Paris* chez N. Langlois, rue St. Jaques à la Victoire avec privilége du Roy. Suite de seize pièces et le portrait de l'auteur renfermées dans un vol. in-fol. vélin.

216. CALLOT (J.) Le combat à la Barrière. Suite de dix pièces renfermées dans un vol. in-fol. obl. vélin.

217. CANINO. Ricerche sull'architettura piu propria dei tempi christiani e applicazione della medesima aduna idea di sostituzione della chiesa cattedrale di S. Giovani in Torino del Cavaliere Luigi Canino. *Rome*, 1843. 1 vol. in-fol. veau.

218. CERINUS (P.) 1 vol. oblong broché, contenant une suite
d'ornements en forme de frises, gravés par Nicolo Billy
à Rome, douze pièces.

219. CHAMBERS. Traité des édifices, meubles, habits, ma-
chines et ustensiles des Chinois, gravés sur les origi-
naux dessinés à la Chine par M. Chambers, architecte
anglais Paris. 1776. 1 vol. in-fol. cartonné.

220. DECKER ET AUTRES. 1 vol. oblong renfermant plusieurs
suites d'ornements, dessins pour boîtes et tabatières,
meubles, bijoux, grotesques, etc. 26 pièces.

221. DUCERCEAU. Vues d'optique publiées à Orléans en 1551,
suite de 20 pièces en un vol. in-4. vélin.

222. GAUTIER (PIERRE). Divers ouvrages de balustrades,
cloisons, paneaux et autres ornemens, pour les serruriers faits et inventez par Pierre Gautier Maistre serrurier du Roy dans son arsenal des galères à Marseille,
et le tout mis en œuvre par le dit Gautier finis en l'an-
née 1685, suite de 21 pièces en 1 vol. in-fol. vélin.

223. GIARDINI. Disegni diversi inventate . e delineati da
Giovani Giardini da Forli, argentiere del palazzo
apostolico, C. fonditore della Reu : Camera. Pre-
miere et seconde parties en 1 vol. in-fol. vélin. *Rome*,
1714. Quelques feuilles sont remontées et tachées.

224. GUERARD. Diverses pièces d'arquebuserie enrichies de
figures et d'ornements, de damasquine et d'argent de
raport inventez, dessiguez et gravez par Nicolas Guerard, sous la conduite des plus habiles arquebusier

de Paris. Se vendent à Paris chez le dit N. Guerard,
etc. Suite de dix pièces en 1 vol. in-fol. oblong, vélin.

225. JACQUINET. Plusieurs Models des plus nouvelles ma-
nières qui sont en usage en l'art d'arquebuzerie avec
ses ornements le; plus convenables, le tout tiré des
ouvrages de Thuraine et les hollandais arquebuziers
ordinaires de sa Majesté et gravé par Jacquinet. Et se
vend le présent livre chez les autheurs avec privilége.
1660. Suite de seize pièces en un vol. in-fol. obl. vélin.

226. DE LA FOSSE. 1 vol. in-fol. oblong renfermant douze
feuilles dessins de meubles. Les lettres et les n^{os} ont
été grattés.

227. LA FUEILLE. Livre nouveau et utile pour toutes sortes
d'artistes et particulièrement pour les orfèvres, les
orlogeurs, les peintres, les graveurs, les brodeurs, etc.
contenant quatre alphabets de chiffres fleuronnez au
premier trait, avec quantité de devises, d'emblémes et
de nœuds d'amour, etc. par Daniel de la Fueille A
Amsterdam. 1691.
Devises et emblèmes, par Daniel de la Fueille.
Amsterdam. 1691. Deux tomes en 1 vol. in-8, vélin. Dans le même volume se trouve une suite de
88 estampes, sujets religieux et mythologiques.

228. LE PAUTRE. 1 vol. oblong renfermant dix-sept feuilles
d'ornements en forme de frises, avec l'adresse de Le
Blond.

229. MEYER. L'architecture ou démonstration de toutes sortes d'ornements, portes, fenêtres, planchers, etc., très-

utiles et nécessaires à tous peintres, sculpteurs, et autres amateurs de cette belle science, inventé par le fameux Daniel Meyer, peintre de la ville impériale de Franfort. etc., A Heydelberg, chez Louis Bourgeot, marchand libraire. 1 volume. in-fol. broché contenant cinquante planches.

230. Paradossi per praticare la prospetiva, senza saperla e facilitare la intelligenza per non operare alla cicca. *Bologna*, 1672. 1 vol. in-fol. **M. R.**

231. PORCACCHI. Funerali antichi di diversi popoli, et nationi, forma, ordine, et pompa di spolture, di efsequii di consecrationi antiche et d'altro, descritti in dialogo da Thomaso Porcacchini. in Venetia, 1574. 1 vol. in-4 vélin.

232. ROSSI. Studio d'architettura civile sopra gli ornamenti di porte e finestre tratti da alcune fabbriche insigni di Roma con le misure piante Modini e profili opera de piu celbri architetti de notri tempi, publicato da Domenico Rossi. 1 vol. in-fol. veau contenant 53 planches.

233. SAMBIN. Œuvre de la diversité des termes, dont on use en architecture, reduict en ordre, par maistre Hugues Sambin, demeurant à Dijon. *A Lyon*, par Jean Durant 1572. 1 vol. in-fol. broché.

234. TOZZI (P. P.) Ghirlanda di sei vaghi fiori sciesti da piu famosi giardini d'Italia raccolti da Pietra Paolo Tozzi, in Padoua alla libraria del Giesu. 1 vol. in-8, oblong, modèles d'écriture avec riches entourages d'ornements.

235. VECELLIO (CESARE). Habiti antichi, overo raccolta di figure delineate dal gran Titiano, e da Cesare Vecellio suo fratello, conforme alle natiòni del mondo. Venetia, Combi, 1664, 1 vol. in-8. vélin, quelques feuillets sont déchirés.

236. VICENTINO. Imprese di diversi Srincipi, Duchi, Pignori, e d'altri personaggi, et huomini illustri. 1 vol. d'emblèmes in-4, vélin. Manque de conservation.

237. DE VRIES. 1 vol. in-fol. oblong contenant la perspective par de Vriese, publiée par H. Cock en 1562, et dédiée au cardinal Granvellano, reliure en vélin.

238. VREDEMANNI DE BRISII. Suite de 27 pièces représentant des tombeaux de personnages célèbres, publiés par H. Cock, en 1563. 1 vol. in-fol. oblong vélin.

239. WOLFF (J) Trecenta selecta ingenii acumine et doctrine utilitate præstantia emblemata Tabulis æreis incisa et cum latinis, gallicis et germanicis lemmatibus proposita. Jeremiam Wolff. 1716. 1 vol. in-8 cartonné. Trois feuilles sont déchirées.

240. Parallèle de l'architecture antique et de la moderne, contenant les profils des plus beaux édifices de Rome, comparés avec les dix principaux auteurs qui ont écrit des cinq ordres *Paris*, f. Jollain 1689. 1 vol. in-fol. veau.

241. Un vol. in-8 oblong renfermant des plans, vues de villes et monuments anglais. 59 pièces.